अनुकृति

अनुकृति

डॉ. पंकज मित्तल

White Falcon
Publishing

अनुकृति
पंकज मित्तल

Published by White Falcon Publishing
Chandigarh, India

All rights reserved
First Edition, 2024
© पंकज मित्तल, 2024
Cover design by White Falcon Publishing, 2024

No part of this publication may be reproduced, or stored in a retrieval system, or transmitted in any form by means of electronic, mechanical, photocopying or otherwise, without prior written permission from the publisher.

The contents of this book have been certified and timestamped on the Gnosis blockchain as a permanent proof of existence. Scan the QR code or visit the URL given on the back cover to verify the blockchain certification for this book.

The views expressed in this work are solely those of the author and do not reflect the views of the publisher, and the publisher hereby disclaims any responsibility for them.

Requests for permission should be addressed to the publisher.

ISBN - 979-8-89222-472-7

Dedications

I dedicate this book to all my readers,
who find meanings and inspiration in these words.

To my friends, who taught me the
meaning of true friendship.

To my wife and my kids whose
smile gives me fuel of motivation
to keep going and keep working harder.

To my parents, whose love has
made me a true human being.

Acknowledgements

Any accomplishment requires a team and efforts from many people. This work is no different from any others. I give a big thanks to all of those folks who contributed to accomplishing this task and making the publishing possible.

My biggest thanks go to my wife Shilpi Mital who continued to encourage me. During my initial writing time I doubted myself and my work. She always praised me and encouraged me to write more. I was not interested in publishing my work and it is her encouragement that gives me courage to think of publishing.

I thank my son and daughter Rohan and Riya for being patient with me when I missed their school events or when I was not able to spend time with them.

Special thanks to Nisha Mital (Siddhi) for taking the raw material, going through the review process and getting it published. Her efforts made it possible in a short time to get this book published. Without her support this project was not possible to come to completion this quickly.

I wish to express my gratitude to those who may have contributed in different ways, even anonymously. Every effort has been made to give credit where it is due for the material contained herein. If I have inadvertently missed out acknowledging our contributors, please accept my sincere apologies.

डॉ. पंकज मित्तल

फिर से राम चाहिये

देश को मेरे फिर से राम चाहिये
औरत को जो माँ समझे लक्ष्मण जैसा लाल चाहिये
लंका में जा आग लगा दे हमें वीर हनुमान चाहिये
रावण का जो अंत करे देश को अब वो राम चाहिये
फिर से दुनिया को राम के संस्कार चाहिये।

देश मेरा आज रावण की लंका सा लगता है
हर गली से कोई न कोई राक्षस निकलता है
शराफ़त का लिबास पहना है उसने
कभी सादे तो कभी साधु के भेष में मिलता है

और कितनी बार अहिल्या का बलात्कार होगा
माँ शबरी से अब और न इंतज़ार होगा
हमारे मन की सीता को ले चला है ये रावण
हे राम अब तो तुमको आना ही होगा
माँ सीता की लाज बचाना ही होगा

डॉ. पंकज मित्तल

रावण इस कलियुग में एक नहीं अनेक हैं
छुपाकर रखा है शराफ़त के लिबास के पीछे
लालच, नफ़रत, और वासना जैसे चेहरे इनके अनेक हैं
अदालत में न्याय कहाँ मिलता है आज सीता को
मेरे राम अब समय आ चला है युग बदलने को
आओ शस्त्र उठाओ अब रावण के दलन को
आपके साथ आने वाले यहाँ हनुमान अनेक हैं

***

सन्नाटा

शहर में इस कदर सन्नाटा सा क्यूँ है
हर तरफ़ इतना वीराना सा क्यूँ है
खुद अपनी आवाज़ पलट कर आती है
इतना गुमसुम आखिर आज जमाना क्यूँ है
गर अपने-अपने घरों में छुपे हैं सब
तो रोज़ फिर उठता ये जनाज़ा सा क्यूँ है

***

मातम

कैसा ये मंज़र है, हर तरफ़ मौत का है तांडव
शमशान बनी है ये धरती, इंसा हुआ है बेबस
कहाँ गई वो हँसी, हर चेहरे पर क्यूँ है आज मातम
कहाँ है राम और ख़ुदा, कैसी आई है ये क़यामत

✶✶✶

रिश्ते

कुछ तुम समझ पाते, कुछ हम समझ जाते
रिश्ते इतने भी उलझे न थे, शायद हम निभा पाते
मजबूरियाँ थीं कुछ मेरी, कुछ तेरी भी रही होंगी
थोड़ा तुम सँभल जाते, थोड़ा हम सँभल जाते
रिश्ते इतने भी उलझे न थे, शायद हम निभा पाते
मेरा दिल तो टूटा था, तेरा भी तो टूटा होगा
आवाज़ जो तुम ग़र लगाते,
हम ख़ुद-ब-ख़ुद चले आते
कुछ तुम समझ पाते, कुछ हम समझ जाते
रिश्ते इतने भी उलझे न थे, शायद हम निभा पाते

✶✶✶

चक्रव्यूह

जीवन के इस चक्रव्यूह में रहकर
अपना कर्तव्य तो निभाना ही था
रिश्ते कितने भी उलझे क्यों न हों
रिश्तों को फिर भी निभाना ही था
माना ज़हर घुला था दुनिया की बातों में
चेहरे पर ख़ुशी का व्यवहार दिखाना ही था
रूठे हुए थे कुछ दोस्त हमसे
उनको भी तो हमको मानना ही था
टूटा हुआ है ये दिल मेरा
हँसकर मगर दुनिया को दिखाना ही था
क्यूँ डरूँ आज मौत जब सामने खड़ी है
एक न एक दिन तो इस चक्रव्यूह से जाना ही था।

✲✲✲

जन्नत

जन्नत को ढूँढता फिरा मंदिर, मस्जिद, और गुरुद्वारे में
रिंदों के कहने पर ढूँढा मैंने उसे मैखाने में
निराश हो लौटा जब घर को
राह तकती माँ खड़ी थी दरवाज़े में।

***

उम्र

उम्र निकलती गयी एक काली रात की तरह
स्वप्न बिखरते रहे टूटे कांच की तरह
झड़ गये ख़्बाव सब पेड़ से टूटे शाख़ की तरह
हम खड़े रहे अपनी ज़िद के सपनों को लिये
वक़्त था फिसलता गया हाथों से रेत की तरह

***

आईना

आज हमको ही नहीं पहचानता है ये आईना
बार-बार पहचान माँगता है ये आईना
कभी जो इठलाकर सामने आता था
आज आंख चुराकर निकल जाता है ये आईना

✻✻✻

परिंदे

धीरे-धीरे सब परिंदे उड़ गए,
बाग़बाँ अब है अकेला उम्र के इस मोड़ पर।
कहते जो थे जीवन भर के साथी हैं,
चले आज वो भी हमको अकेला छोड़ कर।

✻✻✻

एक इन्सान हूँ

मैं किसी का अल्लाह तो नहीं, न ही मैं राम हूँ
न काबे का ठेकेदार मैं, न धर्म की दुकान हूँ
तेरी तस्वीर को कहूँ ख़ुदा तो कभी भगवान कहूँ
मेरी शक्ल पर तो लिखा न था नाम मेरा
कुछ ने समझा हिन्दु, कुछ समझे मुसलमान हूँ
मेरा कोई मज़हब नहीं, मैं तो बस एक इन्सान हूँ
न जाने क्यों लड़ते हैं, मेरे वतन के लोग
इबादत का मतलब भी नसमझें, कहते खुद को भगवान हूँ
धर्म सिखाता है मोहब्बत, बैर करना सीख जाते हैं लोग
कुछ ख़ुदा के नाम से तो कुछ राम से डरते हैं लोग
न जाने किस किताब से सीखा है नफ़रत का सबक़
यूँ ही रोज़ पढ़ता मैं गीता और क़ुरान हूँ।

***

एक ऐसा जहां

पूछा जो उसने मुझसे ऐ बन्दे बता तेरी रज़ा क्या है,
मैंने कहा, ऐ मालिक ऐसी इक दुनिया बना जिसका कोई मज़हब न हो
बस इंसानियत की पूजा करे इनसान, तेरी इबादत का कोई मतलब न हो
ख़ुदा भी और भगवान भी मिले सबके दिलों में,
गीता और कुरान में कोई फर्क न हो
एक दूसरे के लिये जिया करें सब,
तेरी दुनिया में नफ़रत की कोई जगह न हो
ज़िन्दगी भी आसान हो जाये मौत की तरह,
जो भी मिले तो गले लगकर एक दूसरे से शिकायत न हो
न मेरा धर्म पूछे कोई और मज़हब की तकरार न हो
एक ऐसा जहां बना जिसमें पंडित और मुल्लों की सरकार न हो

✷✷✷

कामयाबी

जो धूप में चलकर कामयाबी तक पहुँचे हैं
वो छाँव में बैठ शाम का इन्तज़ार नहीं करते
ख़ुद की मेहनत से निकलते हैं आगे
दूसरों को देख वो जला नहीं करते
महफ़िल में वो जब रहते हैं अकेले
कौन क्या कहेगा इस बात की परवाह नहीं करते
अपने हौसलों को कर बुलंद आगे बढ़ना है सीखा
ज़माने की ठोकरों की हम परवाह नहीं करते

✦✦✦

मंज़िल

मंज़िलों की ऊँचाई चाहें जितनी भी हो
रास्ते पैरों से चलकर ही तय किये जाते हैं
मुश्किलें तो राहों की हम-नवा हैं दोस्त
सफ़र इनसे लड़कर ही तय किये जाते हैं
कायर हैं वो जो डरकर मंज़िलों को बदले
लड़कर मंज़िलों पर पहुँचे सिकन्दर वही कहलाते हैं

✦✦✦

सफ़र

राहों में यूँ तो फूल भी हैं, काँटे भी हैं
गम हो या ख़ुशी मिलकर हमने बाँटे भी हैं
आज पहली बार ख़फ़ा नहीं हुई है ज़िंदगी
ये सफ़र हमने पहले साथ काटे भी हैं
मिलकर चलोगे तो तूफान भी पलट जाएगा
इतिहास गवाह है श्री राम ने समुंदर भी पाटे हैं।

***

मंज़िल चाह

मंज़िल को पाने के लिये, मंज़िल की चाह बनानी होगी
हर एक कदम पर तुझको एक नई राह बनानी होगी
सपनों को अपना अरमान बनाना होगा
अपनी ज़िद को अपना ईमान बनाना होगा
ज़िंदगी तो हार जीत का एक सफ़र है ऐ दोस्त
हार पर भी कभी तुझे जश्न मनाना होगा
वक़्त से लड़ना और मुश्किलों को दोस्त बनाना होगा
वो हालात पैदा कर देना अपनी हिम्मत से
मंज़िल को ख़ुद चलकर तेरे कदमों में आना होगा

***

हौसले

मंज़िल को राहों से मिलना ही होगा
राहों को अपना रुख़ बदलना ही होगा
तूफ़ाँ भी न बदल पाएगा अब इरादे हमारे
हौसलों से टकराकर उसे पलटना ही होगा।

***

ज़िन्दगी की रेस

ज़िन्दगी की रेस में आज फिर से मौत जीत गई
एक कहानी पूरी होने से पहले ही बीत गई
अपनों के तसव्वुर को मोहताज हुए हम
आज रोते-रोते ही सारी रात बीत गई
न जाने कैसी है ये हवा चली
दिल की धड़कन रिश्तों की साँसें छीन गई
संजो के रखा था हमने बड़ी नज़ाकत से
आज हमसे वो रिश्तों की डोरी छीन गई
ज़िन्दगी की रेस में आज फिर से मौत जीत गई।

***

रिश्ते की कीमत

दौड़ते फिरते हैं सब न जाने किस रेस में
अव्वल आने की जैसे सबमें होड़ लगी है
मंज़िल की किसी को कोई खबर नहीं है
बस आगे जाना है भीड़ से
दौड़ा था मैं कई बार
बिना समझे कि जाना कहाँ है
जो पाने की चाह थी वो अपना न था
जो अपना था वो पीछे छूट चुका था
भागते रहे अनजान मंज़िल के लिए
जब समझे क़ीमत रिश्तों की
बहुत आगे निकल आये थे, वापस आना मुमकिन न था
अहसास हुआ अब कि आगे आने की ज़िद में
हम खुद को पीछे छोड़ चले हैं
जो अपने थे उनको पीछे छोड़ चले हैं
आज खड़े हैं जिस मोड़ पर
सब अनजाने चेहरे हैं अपना यहाँ कोई नहीं है

✱✱✱

तोड़ दिया

डरते है हम अपने ही सपनों से
जलते है आज अपने ही अपनों से
दोड़ लगी है सब में अब्बल आने कि
छोड़ अपनों को चला ना जाने किसके सपने पाने को
न जाने कितनो को था पीछे छोड़ दिया
ज़िद में अपनी कितनो का दिल था तोड़ दिया
खाई थीं क़समे जीवन भर साथ निभाने की
किन सपनों की ख़ातिर उनसे भी था नाता तोड़ दिया
डरता हूँ ऐसे सपनों से, अपने भी ना अब लगते अपने से
औरों की क्या बात कहे, अपनों का भरोसा था तोड़ दिया

***

The Day Kobe died

आधी उम्र ही जिया वो, यूँ गिरा फिर धरा पर
मौत फिर से जीत गई आज ज़िंदगी को हरा कर

***

बेवफ़ा

ज़िंदगी आज फिर क्यों ख़फ़ा हो गई
मौत के सामने फिर घुटने टिका गई
अभी तो शुरुआत ही की थी उसने जीने की
फिर क्यों ये ज़िंदगी बेवफ़ा हो गई
कितने अरमान थे, कुछ औरों की उम्मीदें भी
पिरोई हज़ारों के सपनों की लड़ियाँ थी
फिर उसकी कहानी क्यों अधूरी रह गई

***

दोस्त

दोस्त आज फ़िर एक गुमनाम हो गया
राह तकते रहे हम न जाने वो कहाँ खो गया
ज़िदगी के रास्ते हैं कितने अजीब
कल तक जो साथ था आज बेनाम हो गया
दफन कर आये लोग उसकी यादों को भी
आज से वो सबके लिये अनजान हो गया
दोस्त आज फ़िर एक गुमनाम हो गया
राह तकते रहे हम न जाने वो कहाँ खो गया

***

अटल

राख के ढेर हो गये कल तक जो महल थे
टूट कर बिखरे पड़े हैं कहने को वो अटल थे
गुरूर टूट जाता है साथ वक़्त के बदलते
आज राहों में पैरों तले पड़े हैं,
कल भगवान के सर चढ़े जो कमल थे

***

अहमियत

वक़्त से बच पाएगा, न कोई भी ऐसा होगा
जितना भी तू ऊपर उठे, वक़्त के आगे मजबूर होगा
दौड़ता आज जो वक़्त को अपना समझ
न पूछेगा उसका पता कोई, वक़्त उसका भी थमेगा
जानता हूँ एक दिन यह वक़्त मुझको भी डसेगा
यह रुकेगा एक दिन जब, पल में सब कुछ थमेगा
छीन लेगा प्यार मेरा, और ये मधुर संसार मेरा
फिर भी चलना पड़ेगा, जब तलक ये वक़्त चलेगा

***

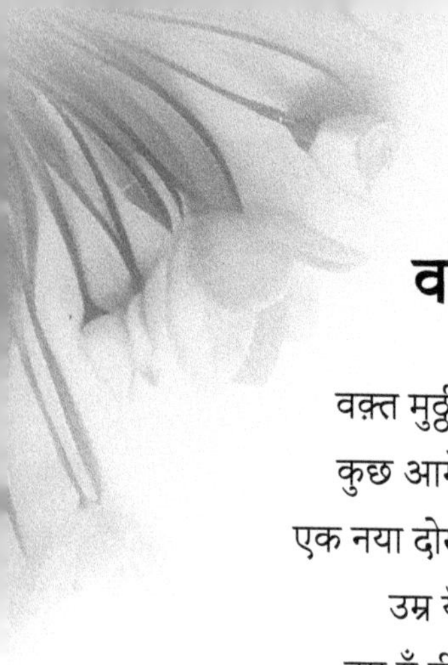

वक़्त की रफ्तार

वक़्त मुट्ठी से रेत की तरह फिसलता गया
कुछ आगे बढ़े तो कुछ पीछे छूटता गया
एक नया दोस्त मिला तो एक पीछे छूट सा गया
उम्र यूँ ही बिना थमे गुजरती रही
हम यूँ ही अपनी ख़्वाहिशें लिए खड़ें रहे

✶✶✶

अजीब हैं न

उम्र के फ़ासले भी कितने अजीब हैं न
वक़्त के क़ाफ़िले भी कितने अजीब हैं न
खुले दरवाज़े भी अब खटखटाने पड़ते हैं
दोस्त जो बिन बुलाये बेवजह आया करते थे
आज मिन्नतें करके बुलाने पड़ते हैं
मेरी बदसलूकी जिनको अच्छी लगती थी
आज बिना बात वो रूठ जाया करते हैं
न रूठने की जो कसमें खाते थे
उनको मनाने के लिए आज आँसू बहाने पड़ते हैं

✶✶✶

जाते देखा है

कितनों को जाते देखा है
कुछ अपनों और कुछ ग़ैरों को जाते देखा है
कुछ उम्रदार थे तो कुछ नन्हे-मुन्नों को जाते देखा है
सुनते थे ये दुनिया एक मेला है
इस मेले में कितनों को आते-जाते देखा है
वक़्त कहाँ किसी का इंतज़ार करता है
न जाने कितने शहंशाहों को खाक में मिलते देखा है
एक पल न रुक सका था जो,
उसका भी वक़्त बदलते देखा है
नाज़ जिन्हें था अपनी ताक़त पर,
उनको भी खाक में मिलते देखा है
कितनों को जाते देखा है
कुछ अपनों औ कुछ ग़ैरों को जाते देखा है।

✵✵✵

क़सूर

वक़्त से यूँ मजबूर क्यों था
मैं इस क़दर मगरूर क्यों था
छोड़ आया था जिनको भँवर में
उनका कुछ भी तो क़सूर न था

✶✶✶

इंतज़ार

न जाने किसका था इंतज़ार, हम दरवाज़े को तकते रहे
झपकियाँ आती रहीं, मगर हम रात भर जगते रहे
चाँद भी हँसा हम पर और सितारे भी हँसते रहे
पड़े-पड़े बिस्तर में यूँ हम आसमां को तकते रहे
उलझे हुए ख़्वाबों को ख़ुद व ख़ुद हम बुनते रहे।
न जाने किसका था इंतज़ार दरवाज़े को हम तकते रहे
झपकियाँ आती रहीं, मगर हम रात भर जगते रहे

✶✶✶

ख़ून से लथपथ

ख़ून से लथपथ सड़क किनारे लेटा-लेटा सोच रहा था
न जाने किस जल्दी में था, जाने क्या तू खोज रहा था
निकला था घर से वापस आने को
जीवन की ख़ुशियाँ जाकर लाने को
निकला बाहर तो देखा एक दौड़ लगी थी
अव्वल आने की इंसानों में होड़ लगी थी
मैं भी लगा दौड़ने, अपनों को ही लगा पीछे छोड़ने
जमाने ने मुझको टोका भी था
अपनों ने मुझको रोका भी था
पर मेरा ग़ुरूर मुझसे भी बड़ा था
जाकर आज मैं फिर वक़्त से लड़ा था
रफ़्तार बढ़ी थी मेरी हिम्मत की
दहलीज़ पार करी थी मैंने अपनी क़िस्मत की
फिर एक पल में ही बदला था सब कुछ
टूटा ग़ुरूर और बिखरे थे सपने अब कुछ
ख़ून से लथपथ सड़क किनारे लेटा-लेटा सोच रहा था
क्या मिलता है मिट्टी की इस दुनिया में, जाने क्या तू खोज रहा था
ख़ून से लथपथ सड़क किनारे शव मेरा ये सोच रहा था।

***

दोस्ती

ज़िन्दगी की उलझनों ने कई बार गिराया है हमें
यारों ने ही मेरे फिर हर बार उठाया है हमें
हम सा खुशनसीब कौन होगा इस जहान में
दोस्तों की मोहब्बत से ख़ुदा ने नवाज़ा है हमें
ज़िंदा रहे तो दोस्तों की मोहब्बत की ख़ातिर
वरना मौत ने भी कई बार पुकारा है हमें
जिन यारों ने पलकों पर सजाकर रखा था उम्र भर
आज उन्हीं दोस्तों ने काँधों पर उठाया है हमें।

✷✷✷

न जाने क्यों

न जाने क्यों इंसा को इंसा से प्यार नहीं
क्यों हमको एक दूजे का एतवार नहीं
मुझको दोस्तों की दोस्ती ही काफ़ी है
मेरा दुनिया से कोई और तो व्यापार नहीं

✷✷✷

दोस्ती निभाऊँगा

कुछ इस तरह दोस्तों से दोस्ती निभाऊँगा
अब से मैं एक ही दिल दुखाऊँगा
आजकल बातों से ही दोस्त रूठ जाया करते हैं
आजकल हँसी-हँसी में ही दिल टूट जाया करते हैं
जब दोस्त कोई रूठता है तो दिल अपना भी तो टूटता है
आज दोस्तों को आख़िरी सलाम कह कर आऊँगा
आज से मैं ख़ुद से ही दोस्ती निभाऊँगा
दिल टूटेगा वो भी अपना ही, तोड़ने वाला भी ख़ुद मैं ही
कुछ इस तरह दोस्तों से दोस्ती निभाऊँगा
अबसे मैं बस अपना ही दिल दुखाऊँगा

***

हमनवा

दोस्त भी थे व्यस्त, आज कोई हमनवा भी न था
कहते किससे हम अपने दिल का हाल
भरी महफ़िल में कोई चेहरा जाना पहचाना सा न था
रोने का दिल तो था, सहारे को मगर कोई कांधा न था
मेरी दुनिया सिमट के बैठी है इस दिल के अंदर
मेरे अलावा इस महफ़िल में कोई अकेला सा न था
चलो अब ख़ुद से ही करूँगा बातें
आईना भले हो ख़ामोश, मेरी बात सुनता तो था
मेरी हक़ीक़त न जाने मगर मेरे साथ वो रोता तो था।

✶✶✶

कोशिश

ग़म भूलकर मैंने मुस्कुराने की कोशिश तो की थी
महफ़िल में सबको हंसाने की कोशिश तो की थी
दोस्त फिर भी हमसे ख़फ़ा यूँ हो गये
मैंने लाख उनको मनाने की कोशिश तो की थी
शायद मुझसे ही कोई खता हो गई होगी
उसने मुझे याद दिलाने की कोशिश तो की थी
माफ़ करना ऐ दोस्त मेरी नासमझी को
मैंने ख़ुद हारकर तुझे जिताने की कोशिश तो की थी

***

लोग

न जाने इतनी नफ़रत कहाँ से लाते हैं लोग
एक दुजे को क्यूँ न समझ पाते हैं लोग
इनकी भी इंसानियत से मुलाक़ात तो होती होगी
कभी ख़ुद अपने आप से भी बात तो होती होगी
फिर क्यों किसी के प्यार को न समझ पाते हैं लोग
फिर क्यों नफ़रत के बीज बोये जाते हैं लोग
दावे तो करते हैं मोहब्बत और वफ़ादारी के
वक्त आने पर न जाने क्यूँ बदल जाते हैं लोग

***

हमको लगा

हमको लगा वो हमें गले लगा रहा था
दोस्त समझ वो पीठ थपथपा रहा था
क्या मालूम था वो पीठ में ख़ंजर लगा रहा था

✶✶✶

अलग-अलग

हैं सब एक ही किताब के पन्ने मगर बिखरे हुए से हैं
कहते हैं कि वो हैं इसी किताब का हिस्सा
मगर कहानी सबकी अलग-अलग है
बात करते हैं साथ-साथ रहने की
मगर आवाज़ें सबकी अलग-अलग हैं

✶✶✶

अपनों का शहर

ये है तो मेरा अपनों का शहर, मगर इसमें दीवारें बहुत हैं
जुबाँ पर हैं मोहब्बत के दावे, मगर दिलों में दरारें बहुत हैं।

✳✳✳

मतलबी परिंदे

शहर भी अब हमको जंगल से नज़र आते हैं
इन्सान सभी यहाँ दरिंदे से नज़र आते हैं
किससे मिलें और किससे हम बात करें
यहाँ सभी मतलबी परिंदे से नज़र आते हैं

✳✳✳

नन्ही सी चिड़िया

नन्ही सी चिड़िया निकली है घर से
अपनी एक नई दुनिया बसाने को
नई उमंग, नये हौसलों को लेकर निकली है
एक नया घोंसला, एक नया आशियाँ बनाने को
न बाँध इन्हें अपने आंसुओं की ज़ंजीरों से
ये चले हैं अपना एक नया इतिहास रचाने को
दिल तो मेरा भी रोता है बस आंसू नहीं बहाता मैं
फ़र्ज़ हमारा चुप रहकर इनका हौसला बढ़ाने को
खुले गगन में उड़ने दो इनको आगे बढ़ने दो
न रोको इन्हें अपने आँचल की छाया में
बारिश और धूप भी अब इनको सहने दो
यही चुनौती इनको नई राह दिखलायेंगी
जीवन के कठिन पथ पर चलना सिखलायेंगी
न बाँध इन्हें अपने आंसुओं की ज़ंजीरों से
ये चले हैं अपना एक नया इतिहास रचाने को

✶✶✶

उधार

उधार की है ज़िंदगी फिर मौत से क्यूँ डरूँ मैं
जिसने बक्शी है ज़िंदगी उसके पास जाने से क्यूँ डरूँ मैं
माना काँच का है दिल मेरा नाम इसपर तेरा ही लिखा है
तू जो अपने खिलौने को ही तोड़े, टूटने से क्यूँ डरूँ मैं
तूने दी है उधार ज़िंदगी, फिर मौत से क्यूँ डरूँ मैं

★★★

खुद से भी हूँ ख़फ़ा

थोड़ा ज़िंदगी से नाराज़ हूँ मैं
थोड़ा खुद से भी हूँ ख़फ़ा
न जाने कैसा वो पल था
जब हुआ था मैं तुझसे जुदा
कुछ तो क़िस्मत का था क़सूर
कुछ मेरी भी थी शायद ख़ता
उसने इजाजत तो दी थी
कि मैं उसकी जगह बैठूँ
न समझ पाया था मैं वक़्त की वो सदा
जो तीर उसको लगा

उस पर नाम मेरा था लिखा
न जाने कैसा वो पल था
जब मैंने उसको था किया अनसुना
थोड़ा ज़िंदगी से नाराज़ हूँ मैं
थोड़ा खुद से भी हूँ ख़फ़ा

✶✶✶

दर्द

दर्द सहे मैंने भीतर-भीतर मन को यूँ फुसलाये
तेरी मोहब्बत, तेरा तसव्वुर, याद तेरी तड़पाये
ख़्वाब तेरे पलकों पे आकर दिल मेरा बहलायें
दिन के उजाले में खोकर ये तन्हा फिर कर जायें
फिर तन्हा कर जायें...
तेरा ठिकाना ढूँढ रहे हम दर-दर भटके जायें
दर-दर भटके जायें...
दर्द सहे मैंने भीतर-भीतर मन को यूँ फुसलाये
तेरी मोहब्बत, तेरा तसव्वुर, याद तेरी तड़पाये
याद तेरी तड़पाये...

✶✶✶

वो आयेगा मिलने

जीने की जब भी ख़्वाहिश होती दो घूघूँट सुरा के पी लेता
साक़ी की नज़रों में जीकर मैं सारा जीवन जी लेता
वो फिर आयेगा मिलने ख़्वाबों में
यही आस लगा दो पल यूँ ही सो लेता
ज्ञात अगर होता मुझको वो आयेगा मय्यत पे मेरी
नया बहाना मरने का मैं रोज़ बना कर मर लेता

***

आँसू

कौन कहता है कि आँसूओं में वजन नहीं होता
एक के गिरते ही दिल का बोझ जरा हल्का होता
और अगर पीलो जो अपने ही आँसू, कौन है
बोझ जिसके दिल का न बढ़ा होता

***

मतलबी

मतलबी ये दुनिया सिर्फ़ अपना काम देखती है
तू क्या है क्या मतलब, ये सिर्फ़ तेरा मुक़ाम देखती है
था जिनका कभी मैं राम उनके लिए रावण बन गया
जो कहते थे नाकारा मुझमें आज राम देखती है

✳✳✳

बनावटी चेहरे

अपनी परछाई भी अब पराई सी लगती है
भीड़ में खड़े हैं फिर भी हमें तन्हाई सी लगती है
न जाने कौन सा मोड़ है ये ज़िन्दगी का
पहने हैं बनावटी चेहरे सभी ने मगर
दुनिया को यही सच्चाई सी लगती है

✳✳✳

कवि

मैं कोई कवि तो नहीं जो कविता लिखूँ
टूटा हुआ तारा नहीं जो क़िस्मत लिखूँ
कुछ यादें हैं तेरी, उनका बस मैं का फसाना लिखूँ
और ज़माने की ठोकरों है ने जो सिखाया है
मैं तो बस उस वक़्त का तराना लिखूँ

***

खालीपन

जीवन में ख़ुशियाँ तो हैं,
न जाने क्यूँ फिर भी एक ख़ालीपन सा है
यूँ तो लोग बहुत हैं इस महफ़िल में,
न जाने क्यूँ फिर भी एक तन्हा मन सा है
दवा नहीं है कुछ मेरे ज़ख्मों की
फिर भी उम्मीदों का कुछ गहरापन सा है
न जाने कब तक़दीर बदल जाये लेकिन
जीतूँगा मैं ही मन में ऐसा कुछ पागलपन सा है

***

ज़िंदगी की व्यथा

न सत्य है न मिथ्या है, इस ज़िंदगी की यही व्यथा है
जिसने जो समझा वो लिखा है,
जिसने जो समझा वो पढ़ा है
कोरे काग़ज़ सा था मन मेरा
कितनों ने अपनी कहानी को इस पन्ने पर लिखा है
तेरी मेरी कहानी में फ़र्क़ ही कहाँ है
कुछ मेरे दिल में छुपा है, तो कुछ तेरे भी दिल में छुपा है।

✵✵✵

कुछ यादें

न जाने आज दिल क्यों उखड़ा-उखड़ा सा है
न जाने किस बात पर तितरा-बितरा सा है
कुछ यादें हैं पुरानी तो कुछ नयी उलझनें भी हैं
है ख़्वाब कई मगर हर ख़्वाब बिखरा-बिखरा सा है
न जाने आज क्यों मेरी आँखों में आँसू से हैं
कुछ ठहरे हैं और कुछ छलके-छलके से हैं
दिल पे लगता तेरी यादों का पहरा सा है
आज हर ज़ख़्म दिल का कुछ और गहरा सा है।

✵✵✵

झलक

उसकी एक झलक के लिए हम तरसते रहे
मौत आयी भी तो खोल कर आँखें हम जगते रहे
ख़ुदा भी कहने लगा अब तो सोजा ऐ दीवाने
उसकी नादनी पर मन ही मन हम हंसते रहे

✳✳✳

कहने नहीं देतीं

कुछ बातें ज़माने की हमें सोने नहीं देतीं
कुछ यादें हैं तुम्हारी जो हमें रोने नहीं देतीं
बस आँखें सुर्ख़ रहती हैं आँसू ये बहने नहीं देतीं
चुप रह जातें हैं हम, ज़ुबान ये कुछ कहने नहीं देतीं
ख़्वाब हैं टूटे मगर उम्मीदें यूँ बिखरने नहीं देतीं
तेरी तस्वीर भी बस यूँ ही ख़ामोश रहती है
शायद ज़माने की निगाहें इसे कुछ कहने नहीं देतीं।

✳✳✳

ख़्वाब

टूटे हुए मेरे ख़्वाबों को, अपने पुराने उन रिश्तों को
तेरी प्यारी-प्यारी यादों को, मुझसे किये तेरे वादों को
साथ लेकर रोज निकल पड़ता हूँ तेरा इंतज़ार करने
उसी मोड़ पर जहां बिखरे थे ख़्वाब मेरे
इसी इंतज़ार में कि तू आएगी मुझसे किये वादों को
याद करके फिर से मुझे गले लगाएगी

***

याद करते-करते

रात भर था रोया तुझे याद करते-करते
न जागा न सोया तुझे याद करते-करते
तेरी यादें थी बस साथ मेरे
तेरे ख़्वाबों में था खोया तुझसे बात करते-करते
था अकेला मगर जी भरके था रोया तुझे याद करते-करते

***

लम्हे

ज़िन्दगी आज फिर कुछ उदास सी है
तेरी याद फिर दिल के आसपास सी है
ये कैसे हैं लम्हे जो भूलते ही नहीं
खोया हूँ खुद भी मगर एक आस सी है
रो रोकर सूख गये हैं मेरे आँसू
मगर मेरे दिल में अभी भी अजब प्यास सी है

✷✷✷

तन्हाई

दस्तक तो दी थी दिल के दरवाज़े पे कई बार
तन्हाइयों ने अन्दर आने की क़ोशिश तो की थी कई बार
मगर तेरी यादों ने उसको आने न दिया
मेरे दिल में तन्हाई को घर बनाने न दिया

✷✷✷

तस्वीर

उसकी आवाज़ मुझे आज भी आती है
ख़्वाबों में आ मुझे रोज़ सताती है
मैं उसकी वफ़ा को निभा न पाया था
उसकी तस्वीर मुझे रोज़ ये याद दिलाती है

✶✶✶

कैसे मान लूँ

कैसे मान लूँ उनको मेरे इश्क़ का अहसास नहीं
कैसे मान लूँ उनको मेरे दर्द का अंदाज़ नहीं
वो मेरे दिल में रहते हैं
कैसे मुमकिन है अपने घर की हालत का उनको गुमान नहीं।

✶✶✶

यारों की मोहब्बत

क़सूर सारा शराब का न था
थोड़ा नशा साक़ी की निगाहों में भी था
दो प्याले पीकर मैं कहाँ भटकने वाला था
सरूर हमको यारों की मोहब्बत का भी था

✶✶✶

कहा था तुमने

मेरे काँधे पर सर रखकर कुछ कहा था तुमने
उम्र भर साथ निभाने का वादा लिया था तुमने
आज तू मेरे पास नहीं तो क्या हुआ
तेरी यादों के सहारे जीना मैं कैसे छोड़ दूँ
तुमसे किये वादे को मैं कैसे तोड़ दूँ

✶✶✶

तेरी चाहत

भीड़ का हिस्सा हूँ मैं दो पल में ही खो जाऊँगा

नज़र मिली भी तो क्या तेरी चाहत कहाँ बन पाऊँगा

छोटी सी मेरी दुनिया टूटा सा मेरा दिल है

पीछे था मैं तो छूटा, तेरी याद कहाँ बन पाऊँगा

***

महबूब

आख़िरी साँस तक महबूब का ही नाम लूँगा

हाथ उठता है तो सिर्फ़ उनके लिए

किसी और का न अब मैं सलाम लूँगा

बुरा न मानो ऐ दुनिया वालों

कभी और मैं तुम्हारा एहतराम लूँगा

माफ़ करना मुझको ऐ रब,

किसी और जन्म में तुझे ख़ुदा का ख़िताब दूँगा

***

कुछ कह न पाई

मोहब्बत तो वो भी करती थी, मगर कह न पाई थी
ज़माने की निगाहों ने बाँधकर रखा था उसके दिल को
दिल खोलकर वो कुछ कह न पाई थी
उसकी ख़ामोशी को मैंने वेबफ़ाई समझा
वो चाहती तो थी, मगर मुझे रोक न पाई थी

***

टीस

क्षमा मुझे वो कर तो दे, मैं ख़ुद को माफ़ करूँ कैसे
छोड़ भँवर में उसको आया था, अपना दिल साफ़ करूँ कैसे

***

गली

गुजर गये आप जिस गली से बहार आ गई उस गली में
एक रहम हम पर करो गुजर जाओ हमारे दिल की गली से

***

मुलाक़ात हो न हो

ना जाने अब तुझसे कभी मुलाक़ात हो न हो
दिल की जो बात दिल में रही वो बात फिर हो न हो
तेरी मेरी मंज़िल आज जुदा है, न जाने
फिर एक मंज़िल पर मुलाक़ात हो न हो

***

क़यामत

तेरा हुस्न है या ख़ुदा ने क़यामत का पैग़ाम भेजा है
एक नज़र इधर भी तो डाल, मेरे दिल ने मोहब्बत का सलाम भेजा है

ज़िन्दगी से हार ख़ुदकुशी की चाह में जा बैठा मैं नदी किनारे
डरता था आने जाने वालों की भीड़ से
करने लगा था शाम होने का इंतज़ार
एक हवा का झोंका आकर मुझसे टकराया था
ज़िन्दगी का सही मतलब फिर उसने मुझे समझाया था
मैं तो झोंका हूँ हवा का कभी यहाँ तो कभी वहाँ
मेरी किसी को परवाह नहीं
मुझको किसी से शिकवा नहीं

बनना है तो परिंदा बन
उड़ हवा में बिना किसी का परवाह किये
या फिर खो जा इस भीड़ में
जहाँ किसी को तुझसे मतलब नहीं
न जान, न पहचान, न किसी की परवाह
जियो तो अपने लिये
बस यही है ज़िन्दगी का मतलब।

तेरा साथ सिर्फ़ तेरा बस तेरा साथ माँगता हूँ
अपने गीतों के लिए तेरी आवाज़ माँगता हूँ
हाथ अपने उठाकर बस तेरा दीदार माँगता हूँ
ख़ुदा भी आये तो लौटा दूँगा उसको
उसके बदले में तेरा प्यार माँगता हूँ

★★★

तेरी मोहब्बत

नींद न आई तेरी यादों में
वरना दो पाल मैं भी सो लेता
डरता था तेरे ख़्वाब न बह जाये आँसू में
वरना दो पाल मैं भी रो लेता

नशा तेरी मोहब्बत का पहले ही से था
वरना दो घूँट मैं भी पी लेता
न मोहताज़ होती दिल की धड़कन तेरी
तो दो रोज़ और मैं जी लेता

तुम्हारा घर मंज़िलें हमारी अलग हुई तो क्या
यादों का तेरी सहारा तो होगा
इस गली में न सही मेरे दिल में तो घर तुम्हारा ही होगा
ख़ाली ही सही इस घर में एक कमरा तुम्हारा भी होगा
ग़ज़लें तो मैंने बेशुमार लिखी होंगी
हर ग़ज़ल में बस चर्चा तुम्हारा ही होगा

***

फ़ैसला

कल न हम होंगे न कोई गिला होगा
सिर्फ़ सिमटी हुई यादों का सिलसिला होगा
जो लम्हे हैं चलो हंसकर बिता लें
जाने कल ज़िंदगी का क्या फ़ैसला होगा।

***

महफ़िल

महफ़िल में कुछ तो सुनाना पड़ता है
ग़म छुपाकर भी मुस्कुराना पड़ता है
कभी उनके हम भी थे दोस्त
आज उनको ही ये याद दिलाना पड़ता है

✳✳✳

मेरा भाई

इंसाफ़ ले लोगे तो भी क्या कर पाओगे
चंद पैसों से मेरा भाई कहाँ से लाओगे
दौलत का ढेर कितना भी बड़ा क्यों न हो
मेरे दर्द का इलाज़ न कर पाओगे
लोग कहते हैं वक़्त भर देता है सारे ज़ख़्म
हर वक़्त उसकी यादें कुरेदतीं हैं उन्हीं ज़ख़्मों को
मेरे दिल से उसकी यादों को कैसे मिटाओगे

✳✳✳

तो अच्छा होता

तेरे आने की उम्मीद नहीं है अब तो
फिर भी न जाने क्यों तेरा इंतज़ार करता हूँ
तू दूर कहीं जाता तो शायद मुझको गम न होता
क़रीब इतना दिल के न होता तो शायद अच्छा होता
मिलता न कभी ज़िंदगी में तू तो भी मुझको गम न होता
अहसास ये दिल के साथ होता कि 'तू है' तो अच्छा होता
रूठ जाता ग़र तू मुझसे तो भी मुझको ग़म न होता
यूँ छोड़कर न जाता तन्हा मुझको तो अच्छा होता
हँसता तो हूँ मैं दुनिया के आगे और रोता तन्हाई में
ऐसे वक़्त में ग़र तू साथ होता तो अच्छा होता

***

इंतज़ार

तेरा इंतज़ार करने से अब क्या फ़ायदा
लोग कहते हैं जाने वाले फिर नहीं आते
तेरी तस्वीर को सीने से लगाकर रोता हूँ
मगर आँसू पोछने को तेरे हाथ अब नहीं आते
तू तो उस महरबाँ ख़ुदा के पास है मेरे भाई
जरा पूछ तेरे चाहने वालों को वो क्यों नहीं बुलाते।

***

जिसको भी अपना समझा

मैंने जिसको भी अपना समझा छोड़ गया मुझे राहों में
एक बार तो अपना कह दो तुम भर लो अपनी बाहों में
न मैंने ही कुछ बोला था न तुमने ही इकरार किया
बस आँखों से ही बात हुई इस दिल ने फिर एतवार किया
कल दोस्त कहा था तुमने आज छोड़ मुझे क्यों जाते हो
ऐसी भी क्या मजबूरी है कुछ पल क्यों रुक न पाते हो
तुम क्या जानो तुम क्या समझो
कितना मुश्किल है दोस्त किसी का कहलाना
मशगूल रहोगे तुम तो अपनी दुनिया की बातों में
जी लूँगा मैं भी दिल में भरकर तेरी यादों को
मैंने जिसको भी अपना समझा छोड़ गया मुझे राहों में
एक बार तो अपना कह दो तुम भर लो अपनी बाहों में

✶✶✶

हाँ प्यार वो मुझसे करती थी

मैंने बोला बार बार, न तुमने बोला एक बार
पर चुप क्यों हो कह दो मुझसे प्यार नहीं
शर्म से झुकते देखा है मैंने तेरी पलकों को
याद भी मुझको करती होगी, तन्हाई में रातों को
फिर चुप क्यों हो, क्यों तुमको है इकरार नहीं
किस से डरती हो, या मुझ पर ही एतबार नहीं
रब से ज़्यादा चाहूँ तुमको इससे तो इनकार नहीं
फिर क्या ग़म है, या प्यार मेरा ही कुछ कम है
क्या तुमको मुझसे प्यार नहीं, या प्यार का इज़हार नहीं
कुछ तो बोलो ग़र हाँ नहीं तो न ही कह दो।
शायद तुमको भी मुझसे प्यार है, बस कहने से ही डरती हो
तुम मानो या न मानो, पर तुम भी मुझ पर मरती हो
ग़र दूर चला जाऊँगा तो दर्द तुम्हें भी होगा
कब समझोगी प्यार को मेरे, प्यार मेरा न कम होगा
आज तड़पता हूँ मैं, कल को तुम भी तड़पोगी
मैं न हूँगा पास तब तुम प्यार को मेरे तरसोगी
क्या तुमको मुझसे प्यार नहीं, या प्यार का इज़हार नहीं
हाँ प्यार वो मुझसे करती थी, बस कहने से ही डरती थी
अब ये सपनों की बात नहीं वो सचमुच मुझपर मरती थी

***

भूल गये

तेरे-मेरे के चक्कर में हम अपना-पराया भूल गये
पैसा कमाने के धुन में हम रिश्ते निभाना भूल गये
इल्ज़ाम दिया एक दूजे को पर प्यार जताना भूल गये
बचपन की बातें याद रही पर वादे निभाना भूल गये
मेरा क्या है मैं तो काफिर हूँ
पर ख़ुद को बड़ा बनाने में वो ख़ुदा को मनाना भूल गये
तेरे-मेरे के चक्कर में हम अपना-पराया भूल गये
पैसा कमाने के धुन में हम रिश्ते निभाना भूल गये

***

इज़हार

रिश्ता अपनी दोस्ती का बहुत गहरा था
इस दिल के आसपास उनकी निगाहों का पहरा था
न मैंने कुछ कहा था न उसने कुछ सुना था
वक़्त आया जब इज़हार का
न जाने क्यूँ मैं गूँगा था और वो बहरा था

***

हो न हो

न जाने अब तुमसे कभी मुलाक़ात हो न हो
दिल की जो बात दिल में रह गई फिर हो न हो
तेरी मेरी मंजिलें आज जुदा हो रही है
फिर एक मोड़ पर मुलाक़ात हो न हो

***

बेवफ़ा और दीवाना

एक तरफ़ तेरी डोली होगी, एक तरफ़ मेरा जनाज़ा
चार कहारों पर होगी तेरी डोली, चार क़ाँधों पर सवार मैं भी
तेरे साथ भी चलने वाले लोग होंगे, कुछ होंगे मेरे भी साथ
फ़र्क़ सिर्फ़ इतना होगा तुझको बोलेंगे बेवफ़ा और मुझको दीवाना

ख़ुदा ज़ुदा ग़र ख़ुदा है तो वो ज़ुदा क्यों है
ख़ुदा ग़र ज़ुदा है तो वो ख़ुदा क्यों है।

***

इंतज़ार

बैठें है आस लगाये इंतज़ार है क़िसी का
दुनिया सब सो चुकी, हमें इंतज़ार है किसी का
आँखें भी है थक चुकीं, पर इंतज़ार है किसी का
एक वादा किया था उसने, बस ऐतवार है उसी का
कुछ पराये कुछ अपनों को छोड़ आया था
कुछ पुराने रिश्तों को मैं तोड़ आया था
कुछ सपने थे, कुछ यादें थी, तुमसे किए कुछ वादे थे
मैं सबकुछ यूहीं पीछे छोड़ आया था
बंधन जो तुमने बांधे थे, मैं उनको भी तोड़ आया था
फिर क्यों तेरी यादें आ आकर मुझे सताती है
तेरी ही तो इच्छा थी कि दूर तुझसे चला जाऊँ
न जाने क्यूँ ऐसा लगता है, तेरा दिल रखने के लिये
मैं तेरा ही दिल तोड़ आया हूँ।

***

बचपन कहाँ खो गया

आजकल ख़फ़ा हो जाते हैं दोस्त सिर्फ़ बातों ही बातों में
जो बेवजह घंटों बातें किया करते थे
बिन बुलाये ही जो आ ज़ाया करते थे
न जाने वो बचपन कहाँ खो गया
वरना लड़ते तो थे हम शुरुआतों से

***

डर

गर उस रोज़ दुनिया से न डरा होता
तो आज हर बात से डरकर न जी रहा होता

***

बंधन जो तुमने बांधे थे

कुछ पराये कुछ अपनों को छोड़ आया था
कुछ पुराने रिश्तों को मैं तोड़ आया था
कुछ सपने थे, कुछ यादें थी, तुमसे किए कुछ वादे थे
मैं सबकुछ यूहीं पीछे छोड़ आया था
बंधन जो तुमने बांधे थे, मैं उनको भी तोड़ आया था
फिर क्यों तेरी यादें आ आकर मुझे सताती है
तेरी ही तो इच्छा थी कि दूर तुझसे चला जाऊँ
न जाने क्यूँ ऐसा लगता है, तेरा दिल रखने के लिये
मैं तेरा ही दिल तोड़ आया हूँ।

✷✷✷

ख़ैरात समझकर

ग़म दिया है हमको ख़ुदा ने ख़ैरात समझकर
कोशिश तो की थी मैंने कि आँसू नानिकले
मगर पलकों ने हमारा साथ न दिया
छलका ही दिया इनको ख़ैरात समझकर

श्मशान जब से छोड़ा है तुमने साथ ज़िंदगी वीरान सी लगती है
तुम तो चले गए ये दुनिया अब मुझे श्मशान सी लगती है

✦✦✦

इरादे

तूफ़ाँ भी न बदल पायेगा अब इरादे हमारे
हौंसलों से टकराकर उसे पलटना ही होगा

✦✦✦

राही

राही मंज़िल तक क्या पहुँचे की राहें बंद हो गई
इंतज़ार की हद तक हम पहुँचे तो आँखें बंद हो गई

हिसाब गिनती प्यालों की अब हिसाब बन गई है
इंतज़ार में लिखे चंद पन्ने अब किताब बन गई है
वो तो न आए मिलने को फिर कभी
मगर इंतज़ार के उनकी अब आदत सी बन गई है

✶✶✶

चलते-चलते

यूँ ही चलते-चलते वो मिले मुझे थे राहों में
शरमाकर देखा था उसने और बात हुई थी आँखों में
धीरे-धीरे बात बढ़ी, वो आ गई मेरी बाहों में
एक पल को ही तो बिछड़े थे क्यों बात बदल गई वादों में
फिर मिलते थे कुछ ख़त में और कुछ ख़्वाबों में
वक़्त कुछ और गया, रह गये अब बस वो यादों में
अब यादें हैं, आहें हैं, और नजरें हैं उनकी राहों में
ये दुनिया इतनी छोटी है, उम्मीद है मेरी चाहो में
यूँ ही फिर चलते-चलते वो मिल जाएँगे फिर राहों में

✶✶✶

इंतज़ार है किसी का

बैठे हैं आस लगाये इंतज़ार है किसी का
दुनिया सब सो चुकी पर इंतज़ार है किसी का
आँखें हैं थक चुकी पर इंतज़ार है किसी का
एक वादा जो किया था उसने बस इंतज़ार है उसी का

***

एक झलक

उसकी आँखों में एक चमक सी देखी है
मेरे प्यार की एक झलक सी देखी है
तिरछी नज़रों से उसने मुझको देखा था
उसकी बातों में एक चहक सी देखी है
उसका भी दिल धड़कता है मेरे नाम से
उसकी चाल में आज एक बहक सी देखी है
जुबाँ से उसने कुछ न बयाँ किया था
उसकी साँसों में एक कश्मकश सी देखी है
उसकी आँखों में एक चमक सी देखी है
मेरे प्यार की एक झलक सी देखी है

***

प्यारी लगती थी

जब देखा उसको वो चाँद से प्यारी लगती थी
जब जाना उसको वो जान से प्यारी लगती थी
जब बात हुई तो सबसे न्यारी लगती थी
जब प्यार किया उससे तो प्यार से प्यारी लगती थी
कह न सका मैं दिल की बातें वो रब से प्यारी लगती थी
छोड़ चली थी जब मुझको वो बड़ी बेगानी लगती थी
याद जो उसकी आयी तो बड़ी सुहानी लगती थी
वो चाँद से प्यारी लगती थी, वो जग से न्यारी लगती थी

***

तुम मेरी प्यास हो

तुम वो अहसास हो, तुम मेरी प्यास हो
दिल की धड़कन हो तुम, तुम मेरी सांस हो
मुझसे तुम दूर सही, दिल के तुम पास हो
तुम मेरी प्यास हो, तुम वो अहसास हो
रूठे दुनिया या रूठे खुदाई भी अब
तुम मेरा प्यार हो, तुम मेरी आस हो
तुम वो अहसास हो, तुम मेरी प्यास हो

***

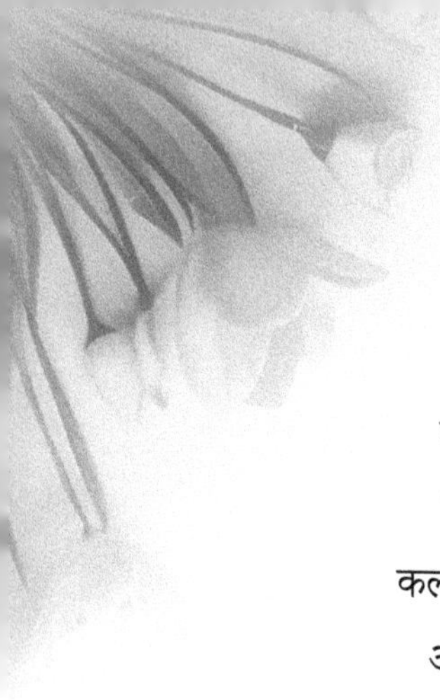

कुछ सपने

कुछ यादें हैं सिमटी-सिमटी
कुछ सपने हैं बिखरे-बिखरे
कल तक जो अपने थे साथ हमेशा
आज क्यों है सब तितरे बितरे

★★★

इबादत

ग़र इबादत करना चाहूँ क्या कभी मैं कर सकूँगा
जिस ख़ुदा ने है चुराया प्यार मेरा क्या माफ़ उसको कर सकूँगा
वो बुलाता है मुझे अब पास अपने
ग़र जो तुमसे न मिलाया क्या साथ उसके मैं रह सकूँगा।

★★★

आईना

आईना कमजोर कितना भी हो हक़ीक़त वही दिखाता है
टूट जाये भी तो चेहरे हक़ीक़त के कई दिखाता है

✯✯✯

यूँ ही

न रोक आज मेरी ज़िन्दगी को यूँ ही बिखरने दे
किस्से तेरी यादों के हैं इनको यूँ ही उलझने दे
टूटे हुए मेरे ख़्वाबों को, खुलके यूँ ही बिखरने दे

समय समय निकाल कर मिला कर इन दोस्तों से
तेरी मुश्किलों का हल इन्हीं के पास होगा
अलग है अंदाज़ इनका हौसला अफ़ज़ाई का
मंज़िलों को पाने का बल इन्हीं के पास होगा
न फ़िक्र कर इनकी बकवास बातों की
तेरी ख़ुशी का हर पल इन्हीं के साथ होगा
छोड़ दे ज़िन्दगी की डोर इन दोस्तों के हाथ में
हर महफ़िल का सफ़र इन्हीं के साथ होगा

✯✯✯

बेनाम हो गये

मंज़िलें गुमनाम हुई, रास्ते यूँ अनजाने हो गये
अकेला खड़ा इस भीड़ में, क़ाफ़िले यूँ बेगाने हो गये
खोजता मैं रास्ता सुकून का, चौराहे सब बेनाम हो गये
न कोई राह है न मंज़िल ही दिखाई देती है
खो गया दिल का सुकून हम भी हैं खो गये

***

भँवर

ज़िंदगी का साथ निभाने के सिवा और रास्ता भी क्या था
हाथ छोड़ा था भँवर में जिसने अब उनसे वास्ता भी क्या था

***

मैं कब उसकी प्यास हूँ

मेरी क्यों चिंता करते हो मैं तो बस एक लाश हूँ
ज़िंदा हूँ तो क्या फ़रक है मैं कब किसी की आस हूँ
इंतज़ार करूँ मैं जिसका वो भूल चुका है कबका
मैं प्यासा हूँ तो क्या फ़रक है मैं कब उसकी प्यास हूँ

***

तुम्हें याद आयेंगे

ये खूबसूरत नज़ारे एक दिन खो जायेंगे
समुंदर के ये किनारे खो जायेंगे
मैं तो न रहूँगा
मगर साथ गुजरे थे जो लम्हे तुम्हें याद आयेंगे

***

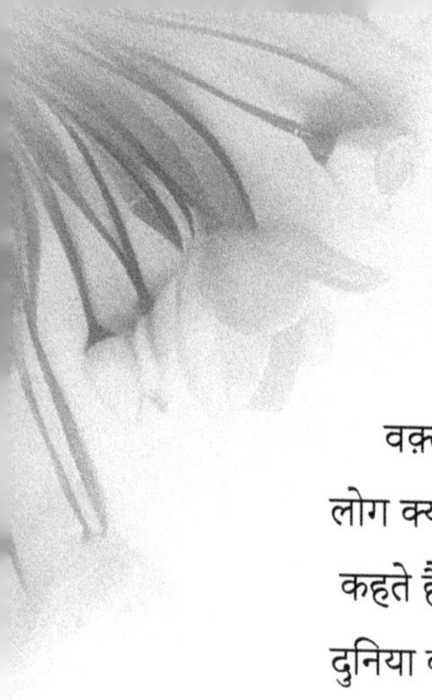

लोग क्या कहेंगे

वक़्त हमको उनसे दूर लेकर चला है
लोग क्या कहेंगे उनको इस बात का गिला है
कहते हैं हमारी मोहब्बत का तो है अहसास
दुनिया की बातों पर शायद ज़्यादा है विश्वास
उनको है फ़िक्र इस बात की लोग क्या कहेंगे

✶✶✶

डरता हूँ

हाँ डरता हूँ मैं अपने इन सपनों से
और शायद थोड़ा सा इन अपनों से
ये सपने जो बेवक्त टूट जाते हैं
और अपने जो बेवजह रूठ जाते हैं
हाँ डरता हूँ मैं तेरी इन प्यार भरी बातों से
दिल तोड़ तो देता तेरे जाने के बाद
दिल में बसी तेरी तस्वीर न टूट जाये
इस बात से डरता हूँ
ख़्वाब समेटे बैठा हूँ, बसा है इनमें तेरा तसव्वुर
कहीं ख़्वाब टूटे तो तेरा तसव्वुर न बिखर जाये
इस बात से डरता हूँ
हाँ डरता हूँ मैं थोड़ा अपने आप से भी
न ख़ुदा हूँ न फ़रिश्ता हूँ मैं
ग़लतियाँ तो मेरी फ़ितरत में हैं
ख़फ़ा हैं कुछ दोस्त मुझसे
थोड़ा ख़ुद से मैं भी हूँ ख़फ़ा
मेरी नासमझी न बने किसी और का दर्द
मेरी रब से बस इतनी ही है दुआ
बस डरता हूँ अपनी इसी नादानी से
और डरता हूँ दोस्तों के रूठ जाने से
हाँ डरता हूँ मैं, हाँ डरता हूँ मैं ।

✷✷✷

शिकवा

सफ़र पूरा भी न हुआ था लोग मुड़कर जाने लगे
अभी श्मशान तक पहुँचे भी न थे हम
वो छोड़कर हमें जाने लगे
अभी तो ख़ाक में मिल भी न पाये थे हम
काम ज़रूरी उनको याद आने लगे
चिता की आग ठंडी भी न हुई थी
दोस्त हमारे बिना महफ़िलें सजाने लगे

***

पहचान

मेरी कोई पहचान नहीं न ही मुझे बनानी है
न ही मेरा धर्म कोई न ही कोई कहानी है
इंशा हूँ बस इतना ही काफ़ी है
मैं तो रब का बन्दा हूँ बस यही मेरी निशानी है ;

***

मज़हब

रब ने हमको जन्म दिया, हमने ख़ुद को ख़ानो में बाँट दिया
कुछ बोले हिंदू हूँ, कुछ ने मुस्लिम का नाम दिया
कुछ कहते ईसाई हैं, सिखों ने पगड़ी को बांध लिया
ईश्वर, अल्लाह, ईसा, और नानक को भी बाँट दिया
वाह रे इंशा तूने ख़ुदा के बंदों को बदनाम किया
इंसानियत को भूला तू, तबकों को मज़हब का नाम दिया

***

जनाज़ा

जनाज़ा हमारी मोहब्बत का यूँ बाज़ार से निकलेगा
प्यार का जनाज़ा नफ़रत के काँधो पे सवार निकलेगा
फूँक आयेंगे लोग श्मशान में मेरी मोहब्बत को
तेरा नाम न फिर कभी मेरी जुवान से निकलेगा

***

एक बात

ज़िन्दगी में हर एक बात का होना बहुत ज़रूरी है
हो ढेर सारा प्यार पर थोड़ा बहुत ग़म होना भी ज़रूरी है
है बेहिसाब हुस्न तो एक पहरेदार तिल का होना भी ज़रूरी है
हर वक़्त चेहरों पर नक़ाब अच्छी नहीं लगती जनाब
कभी कभी बेनक़ाब होना भी बहुत ज़रूरी है
जन्नत बख़्शे आपको दोस्तों की टोलियाँ
मगर दो तीन कमीनों का होना भी बहुत ज़रूरी है

✶✶✶

नादानी

उसकी एक झलक के लिए हम तरसते रहे
मौत आयी भी तो आँखें खोलकर हम जगते रहे
खुदा भी कहने लगा अब तो सोजा ऐ दिवाने
उसकी नादानी पर मन ही मन हम हंसते रहे

✶✶✶

तुझे याद करते

रात भर था रोया तुझे याद करते-करते
न जागा न सोया तुझे याद करते-करते
तेरी यादें थी बस साथ मेरे
तेरे ख़्वाबों में था खोया तुझसे बात करते-करते
था अकेला मगर जी भरके न था रोया तुझे याद करते-करते

✶✶✶

किताब के पन्ने

शहर भी अब हमको जंगल से नज़र आते हैं
इन्सान सभी यहाँ दरिंदे से नज़र आते हैं
किससे मिलें और किससे हम बात करें
यहाँ सभी मतलबी परिंदे से नज़र आते हैं
हैं सब एक ही किताब के पन्ने मगर बिखरे हुए से हैं
कहते हैं कि वो हैं इसी किताब का हिस्सा
मगर कहानी सबकी अलग-अलग है
बात करते हैं साथ-साथ रहने की
मगर आवाज़ें सबकी अलग-अलग हैं
ये है मेरा अपनों का शहर, मगर इसमें दीवारें बहुत हैं
जुबां पर मोहब्बत के दावे हैं, दिलों में दरारें बहुत हैं।

✶✶✶

आख़िरी साँस

आख़िरी साँस तक महबूब का ही नाम लूँगा
हाथ उठता है तो सिर्फ़ उनके लिए
किसी और का न अब मैं सलाम लूँगा
बुरा न मानो ऐ दुनिया वालों
कभी और मैं तुम्हारा एहतराम लूँगा
माफ़ करना मुझको ऐ रब,
किसी और जन्म में तुझे ख़ुदा का ख़िताब दूँगा

***

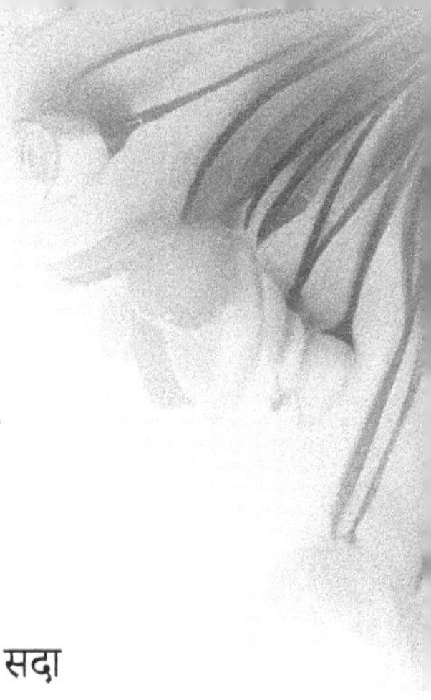

इजाज़त

कुछ मेरी भी शायद थी ख़ता
उसने इजाज़त तो दी थी
कि मैं उसकी जगह बैठूँ
न समझ पाया था मैं वक़्त की वो सदा
जो तीर उसको लगा
उस पर नाम मेरा था लिखा
न जाने कैसा वो पल था
जब मैंने उसको किया था अनसुना
थोड़ा ज़िंदगी से नाराज़ हूँ मैं
थोड़ा खुद से भी हूँ ख़फ़ा

✶✶✶

उदास

ज़िन्दगी आज फिर कुछ उदास सी है
तेरी याद फिर दिल के पास सी है
ये कैसे हैं लम्हें जो भूलते ही नहीं
खोया हूँ खुद भी मगर एक आस सी है
रो रोकर सूख गये हैं मेरे आँसू
मगर मेरे दिल में अजब प्यास सी है

✦✦✦

एकाकी

आज कितनी दूर तुमसे मैं पड़ा यूँ रो भी न पाता
हाय मेरी ज़िन्दगी जो माँगता वही है खो जाता
क्यों मुझी से द्वेष इतना कर रहा मेरा विधाता
मैं जिसे भी प्यार करता, वह उसे अपना बनाता

होड़ में पीछे नहीं मैं हट सकूँगा
पर बताओ अब किसे मैं प्यार अपना दे सकूँगा
हाय कैसे ज़िन्दगी भर ऐकाकीपन मैं सहूँगा
ज़िन्दगी का बोझ बोलो कैसे अकेला ढो सकूँगा

कौन लेगा प्यार मेरा त्याग कर सर्वस्य अपना
कौन चाहेगा मिटाना जान कर अस्तित्व अपना
कौन पागल प्यार को मेरे स्वीकार करेगा
कौन मुझको प्यार देकर मौत स्वयं ही माँग लेगा

कौन होगा उम्रभर जो साथ मेरा दे सकेगा
कौन मेरे साथ एक पथ होकर चलेगा
कौन मेरा प्यार पाने का साहस करेगा
कौन अपनी ज़िन्दगी का अन्त स्वयं लिखेगा

कैसे अपनी ज़िन्दगी से मैं बताओ लड़ सकूँगा
प्यार देकर भी प्यारा न किसी का बन सकूँगा
ज़िन्दगी भर ग़र मैं अकेला ही रहूँ, तो तुम बताओ
इस होड़ में किस तरह विधाता को भला मैं मात दूँगा।

***

मूल लेखक: मेरे पिताजी श्री धनेन्द्र मोहन मित्तल

About the Author

Dr. Pankaj Mital was born in Pilibhit, Uttar Pradesh, India. He is currently based in California, USA. While he lives abroad, he has not forgotten his roots and stay connected with India via adopting and influencing Indian culture within Indian communities. He loves to read about India, whether it is about religions, cultures, or politics. He loves to visit India often and has established businesses to ensure the connection to India is not lost and family values are carried forward.

Dr. Mital is value driven, innovative, and deeply passionate about People Leadership. He is an entrepreneur who takes pride in bringing innovative solutions and contributing to solving day to day problems. Dr. Mital currently serves as the Global Chief Executive Officer for Business Needs Inc. and as Group Chairperson for all Business Needs Group of Companies.

Dr. Mital spent 21 years of his career leading the Commercial Business/IT relationship at Johnson & Johnson in different roles throughout the years and retired in 2024 as Global Service Product Director.

Dr. Mital earned a Doctorate in Business Administration (Organizational Leadership) in 2016, Project Management Professional (PMP) certification from PMI, Data Transformation Certification from Stanford University, and a Business Data Analytics certification from Pepperdine University. He possesses a Master of Business Administration in Information Technology and Supply Chain.

Dr. Mital strongly believes in equality and staying humble. He believes the strongest things are WORDS, whether spoken or written and advocates to use words wisely. Words can help us describe ourselves, express our emotions, or even destroy relationships. This book is very close to his heart and expressions of his feelings like a photograph of his life… "अनुकृति"

इस संग्रह के बारे में

यह किताब उम्दा शायरियों का एक बेहतरीन गुलदस्ता है। लेखक ने इन शायरियों में शब्दों को इस तरह पिरोया है मानो गुलाब की माला हो और जैसे जैसे आप इस शायरी के गुलिस्तां में आगे बढ़ते हैं तो आपको प्यार से लेकर बेवफाई तक और बचपन से लेकर दोस्ती तक जीवन के हर पहलू पर कुछ न कुछ पढ़ने को मिलता है। शायरी की ठेठ शैली को पकड़े भी रखा है और उसमें आधुनिकता का पुट भी है। शायरी का यह संग्रह आपको कहीं भी बोर नहीं करती है और एक खासियत यह भी है कि आप जब इनको पढ़ते हैं तो आपको ऐसा एहसास होता है मानो यह सारी चीजें कभी न कभी आपके साथ भी घटी है और यही इस संग्रह की यूएसपी भी है। इस संग्रह को पढ़कर आप खुद को अपने विचारों के संसार में भ्रमण करने से रोक नहीं पाएंगे।

Milton Keynes UK
Ingram Content Group UK Ltd.
UKHW050918121224
452350UK00020B/228

9 798892 224727